AF619963

LA VOCE DELL'EGO

Ignazia Maria Angilieri

Collana Irda

Lulu Press
3101 Hillsborough St.
Raleigh, NC 27607 | U.S.A.

ISBN: 978-1-291-80130-9
Info: www.irdaedizioni.it

Ordini:
www.amazon.com
www.amazon.it
www.lulu.com

Copertina: realizzata da Cristian Verdesca
Direttore editoriale: Francesco Luca Santo

PREFAZIONE

L'opera "La voce dell'ego" è pura sostanza poetica. Sostanza perché l'autrice riesce a dire, con estrema e essenziale semplicità, ciò che l'anima, il cuore e la sua vita racchiudono dentro. Lo fa in rima. Certo, molti oggi sentendo la parola "rima" storcono il naso perché la rima è retrò, non attrae ecc… ecc … ma non sempre questo è vero e la poetessa Ignazia Maria Angilieri ce lo conferma attraverso i suoi versi che spaziano con abilità dall'amore alla natura passando per i problemi che affiggono la società. Scrivere è un'arte e l'arte non è mai semplice ma farlo con il cuore, con l'emozione e con la consapevolezza del dire senza pretendere bè, allora tutto ciò può e deve considerarsi lodevole e questo libro lo è perché da spunti di riflessione puri e onesti, senza pretendere di consigliare o di criticare ma solo di dire che ognuno ha il diritto di parlare!

BIOGRAFIA

IL mio nome è Angileri Ignazia Maria, nata il 11-08-1960 a Marsala provincia di Trapani (Sicilia). Ho conseguito la licenza media inferiore nel plesso scolastico ALCIDE DE GASPERI di Marsala. Ho 53 anni, sposata, mamma di tre figlie e nonna di due nipotine. Vivo in Germania da 35 anni. Di professione faccio la casalinga e la "psicologa" della mia anima. Nutro da sempre la passione per la letteratura, e per la mia madre lingua. La lontananza dalla mia terra ha creato in me un forte senso di nostalgia che mi ha spinto ad esternare i miei sentimenti scrivendo qualche verso.
Con il tempo è maturata in me la voglia di scrivere poesie. In esse racconto le mie incertezze, le mie paure e i miei sogni e il distacco dai miei luoghi natali, ma, essendo anche molto solare, mi piace fare anche un po' di autoironia.
Tutto questo lo troverete nel mio libro sperando che sia di vostro gradimento, augurando a tutti buona lettura.

BUONA NOTTE

E' scesa la notte,
tante cose durante il giorno
son state dette.
Parole belle e brutte,
con il povero cuore
che trattiene
le emozioni forti.
Con loro va a dormire,
sperando che nel sogno
si possono appagare
solo quelli
che fan parte dell'amore.
Sereni son i pensieri,
agognando che ciò si avveri.
E ascoltando il cuore
che batte,
ci accingiamo
alla buona notte.

VIGORE

Il canto di un usignolo,
e i sogni prendono il volo.
Le braccia tese al cielo,
e non mi par vero.
La tristezza mia
lascia il posto alla fantasia.
Il ruggito di una tigre
si porta via le giornate pigre
e dall'anima l'agonia.
Gioia frizzante
e prepotente,
di quel momento sentii
il vigore entrar dai pori
rilassando i muscoli ch'eran duri.
Freschezza e leggerezza,
del corpo mio si fan padroni,
le mie orecchie odono bei suoni.
La luce del sol è pungente,
e il mio viso fa sembrar raggiante.

CARNEVALE

Passeggiate
lungo il viale
pieno di facce mascherate.
Stelle filanti,
tra gambe saltellanti.
Corpi e anime danzanti
in allegre melodie.
Abiti stravaganti,
con recite e parodie.
Coriandoli colorati,
gettati in aria con tante risate.
Baci di dame e cavalieri,
fan rivivere le sere.
E' una festa inebriante,
pazzerella e frizzante.
In questi giorni,
ogni scherzo vale
perché E' CARNEVALE!!!!!
Arlecchino e Balanzone
bussan alla porta del padrone.
Colombina e Pulcinella,
vanno a far la scappatella.
Tutti i giorni vanno a spasso,
fino ad arrivare al giovedì grasso
che al maiale poverino,
lo fan diventar un salamino.

ALLUVIONE

Scende la pioggia dal cielo,
trasparente come un velo.
Fresca e allietante,
ma danni ne fa tanti.
Si alzano dai fiumi gli argini,
si formano sulle strade
le voragini.
Frana il monte,
la terra con l'acqua si fonde.
Arriva l'acqua al paese
allagando anche le case.
Come un fiume trascina via
pezzi di vita e armonia.
Semina morte per le vie,
sembrano inspiegabili follie.
Siam figli di un Dio
che non ci vuole,
che ripudiato ha già
la sua prole.
La ribellione della natura
colpisce a chi di lei
non ha più cura.
I responsabili del misfatto,
debbono fare i conti
con l'impatto.
La furia delle catastrofi,
incute orrore in ogni dove
che a noi par siano
affannose
come un ladro che di colpo
si porta via i sogni,
fa assaporare le pene,
portandosi dietro ogni bene
con quel gesto
suo maldestro.
Sembra un demone funesto.
Oh Dio hai dimenticato
l'arcobaleno
che fa tornar il ciel sereno?

PERDIZIONE

Son cosi poi disturbati,
quei giorni che a noi parean beati,
additati da lassù
nel tempo che fu.
Quel dito sconfinato,
ci ha scomunicato.
Siano figli della perdizione,
che non accetta condizioni.
Sembra ormai lontano,
colui che dichiarò Vi amo!
Siamo al margine
della linea di confine.
Se si potesse salire su quel monte
a rileggere i comandamenti
e capire oggi quello che era ieri!
Allora non ci sarebbero più
oscuri sentieri,
ma solo luce brillante
e accecante
che riordina i pensieri,
facendo rinascere
sentimenti veri.

PERNICI IN VOLO

Quando è vero ciò che dici,
si alzan in volo le pernici.
Come un volo di gabbiano,
la tua voce portan lontano.
S'incornicia la tua vita,
vincendo quella difficile partita.
Come pecorella smarrita,
ritorna insieme agli angeli
e nell'umile suo ovile,
dell'Arcangelo Michele
che con felice armonia,
ricama di colori la vita mia.
Si dilatano i polmoni
se è sana la vegetazione.
Senza un mondo inquinato,
si riesce a vivere consolati.
Quel dipinto ancestrale,
tutti avanti dobbiamo portare,
riuscendo ad aprire quel portale.

CRUDELE DESTINO DEGLI EBREI

Furono i martiri,
di quel luogo maledetto,
massacrati come barbari.
Uomini, donne, vecchi e bambini
li portarono a far la doccia,
quegli assassini.
Ammucchiati come carne
da macello,
su quel campo freddo e spoglio.
Nudi solo con la loro umiltà,
li hanno spogliati
anche della loro dignità.
Tutto era un paradosso,
avviliti, deperiti, senza più forza addosso.
Dopo la morte,
anche l'odore acre del bruciare.
Neanche un'umile sepoltura
con una preghiera da recitare!!!
Quegli occhi che ciò han guardato,
lacrime amare hanno versato
e ancora non han dimenticato.
Un atroce condanna
hanno sopportato.
Per quale colpa poi
fratelli miei!?
Solo per il semplice fatto,
di essere Ebrei.

FOCU D'AMURI

Sentu battiri forti 'u cori,
è lu profittu di l'amuri
chi tuttu ti fa scurdari,
puru di mangiari.
Li vasi e li suspiri,
ti fannu saziari.
Di st'amuri senti lu focu,
chi t'abbrucia a pocu a pocu.
La menti e l'occhi si chiurinu,
e lu mali cchiù nun virinu.
Vo stari sempri 'nzemmula,
orva ddiventi sutta a sti linzola.
Vo accuntintari sempri li so capricci,
e allisciari voi la so facci.
Ma st'amuri nun ti currispunni,
e allura tu t'addanni.
Megghiu lassari stari,
e a cu nun merita nun priari.

(Traduzione)

FUOCO D'AMORE

Sento battere forte il cuore,
è il profitto dell'amore
che tutto fa dimenticare,
anche di mangiare.
I baci e i sospiri,
ti fanno saziare.
Di questo amore,
senti il fuoco
che ti brucia a poco a poco.
La mente e gli occhi si chiudono,
e il male più non vedono.
Vuoi stare sempre insieme,
cieca diventi sotto queste lenzuola.
Vuoi accontentare sempre i suoi capricci,
e accarezzare vuoi la sua faccia.
Ma questo amore non ti è corrisposto,
e allora tu ti danni.
Meglio lasciare stare,
e a chi non ti merita non pregare.

RICORDI

Ognuno ha la sua storia,
tanti ricordi nella memoria.
Ricordo di un passato,
che non va mai dimenticato;
sia esso triste o spensierato,
molte cose ci ha insegnato.
Quello sconvolgente,
ti logora la mente.
Il ricordo di essere stato amante,
è euforico e inebriante,
pieno di allegria e felicità,
rimembrare sempre piacere fa.
Ricordo pieno di fatiche e amarezze,
ti permette di farti tante carezze.
Ricordo di un libro letto in fretta
e di passeggiate in bicicletta.
I ricordi son lezione di vita,
che se non hai bene imparato,
la scuola non è ancora finita.

IL TEMPO CHE PASSA

Campanelle suonate dal vento,
ci richiaman a quel buon convento.
Suoni di violini,
con canti di bambini.
Artista di strada,
li guardi e resti ammirata.
Pittori trapassati,
di capolavori sempre apprezzati.
Lo spaventapasseri paura più non fa,
e in mezzo al grano si annidano i cincillà.
Una foto ingiallita dal tempo,
fa ricordare il raccolto di un campo
abbandonato dal suo padrone,
è rimasto solo un vecchio bastone.
A volte fa paura il tempo che passa,
come le ore scandite da una cassa,
come il giorno che insegue la notte,
e non ti rivela mai quale sia la tua sorte.

GIOCO D'AMORE

Come il vento tra i capelli,
che dolcemente ti accarezza,
e non soltanto quelli.
Udire quei bisbigli,
fugaci, tra respiro e baci.
Sentir l'odor
della pelle e il suo sudor
bagnata come gocce di rugiada.
Dalla fatica dell'amor
brividi lungo la schiena,
mentre abbracci chi ti ama.
Aspirare ancora a quelle sensazioni,
non si avviliscono le passioni.

LA VOCE DELL'EGO

Nella mia testa
si mescolano i pensieri,
si frullano le idee
ed esce fuori ciò che resta.
Frasi che tra i battiti del cuore,
di colpo, son sbattuti fuori.
Una penna tra le mani,
incomincia a fare dei movimenti strani,
sembra guidata da una forza immane
e, come per magia,
si forma una poesia.
Credo che a parlare sia il mio ego,
e con umile stupore,
leggo e la rileggo
e alla mia vita la lego.
Che a questa attraversata scia
non stai mai fermo a pensare,
in fondo cosa sia.
Le giornate ti volan via,
con tanta fretta e frenesia.
E ti stravolge poi scoprire:
Ecco ... questa è la vita mia.

OMBRA

Vorrei inseguire la mia ombra,
che silente, resta in penombra.
Lei mi guarda a distanza,
sublime è la sua incidenza.
Con pacatezza resta accanto,
passo a passo, sempre a fianco.
Vorrei tanto guardare,
quel volto tanto oscuro.
Chissà se è casto e puro?
Ma basta una luce che si accende,
e va via immediatamente.
Ti stravolge il pensiero,
dell'Ombra e il suo mistero.
Appare magra e allungata,
e ne resti affascinata.
Tendi una mano,
la vorresti toccare piano
ma anche lei se ne va più lontano.
L'ombra!!!
Così vicini, così persi
perché siamo tutti ombra di noi stessi.

TREPIDA SORGENTE

Pura e limpida,
la sorgente scende, trepida,
nel suo cammino scorre lenta.
Del suo percorso di nulla si lamenta,
tortuosa è la sua via
che porta a valle la sinfonia.
Dal monte alto,
al fiume e al suo letto.
E poi prosegue,
tutto il tragitto
e ciò che ne consegue.
Tra gli ostacoli e la piena,
mai si ferma e cammina.
E' un viaggio in pace,
vuole arrivare alla sua foce.
Dove la sua foga si espande,
in un lago grande.
Che con tutta la sua ricchezza,
è invitante.
Lì vuole arrivare,
dove tutto questo si chiama
Mare!!!

CAREZZE

Il sapor di una carezza,
ha il sapor di dolcezza.
Di una sana armonia,
che sa di umile poesia.
Nutri sempre in te questa voglia,
che dall'odio poi ti spoglia.
Ammira la sua bellezza,
che porta via la tristezza.
Quel soffio che è l'amore,
ti pervade poi il cuore.
Sensazione unica,
la senti come musica
che pervade il corpo, trepidò
quel gesto che pensavi fosse stupido.

SENZA FIATO

Quel cuore immacolato,
poi ti lascia senza fiato.
Ma adesso io son viva,
goder vorrei come una diva.
Voglio bere ancor dal calice della vita,
e pensar che non sia ancora finita.
Quel momento voglio pensar lontano,
sospiro e alzo la mano.
Dal sol levante,
mi innamoro piano.
Voglio recitar la vita mia,
con versi di poesia.

SAN VALENTINO

San Valentino,
la festa dell'amore,
che fa unire due cuori.
Spasimanti della passione,
ed è una sfida,
far vivere per sempre un'unione.
Giurarsi amore è un grande impegno,
che richiede di entrambi il sostegno.
L'amore è come intraprendere
insieme un viaggio,
alla scoperta di un villaggio.
Dove regna un grande saggio.
Il matrimonio poi va a coronare,
l'amore di questi cuori.
Dove si giura amore eterno,
con una firma sul quaderno.
Ma l'amore quello vero,
porta la firma in alto al cielo.
E se il regalo è di un fiore
profumerà per sempre questo amore.

INCONCEPIBILE

Il fluire della mia anima,
in un universo che si anima.
Sembra inconcepibile,
come le nuvole che appaiono palpabili.
Nell'universo buio,
che appare duro come cuoio.
E il vecchio muro sopra
uno scoglio,
e un fiore di vermiglio.
Tutto può far credere,
come è difficile a volte vivere.
Ma al di là dei nostri sensi,
puoi godere di tanti consensi.
Sostenuti da un amore indescrivibile,
che chiusi nei nostri pensieri,
ci sembra impercettibile.
Siamo esseri incuranti,
di un amore così grande.
Che vive dentro ogni cuore,
alleviando ogni dolore.

IL PREZZO DELL'EVOLUZIONE

Ribolle il sangue nelle vene,
fino a spezzare quelle catene.
Legate ad un passato,
fino alla nostra generazione.
Si risveglia
la consapevolezza,
che le tante epoche
poi via spazza.
Cresce quel divenire,
e porta avanti
con il suo fluire.
Un'evoluzione tanto attesa,
ora con tanta critica accesa.
Per molti troppo contesa,
e da altri molto incompresa.
Si apre un varco
ai nostri giorni,
di piaceri vietati per millenni.
Svanirono i governi
autoritari,
lasciarono le loro leggi
all'imbrunire.
Altri presero il posto
di quel calvario,
i risultati divennero
un divario.
Portarono avanti
nuove idee a divulgare,
con nuove leggi sempre
da rifare.
Un regime tanto atteso,
con dibattito sempre
inconsueto.
Al povero popolo
non rimane,
che la fatica,
di risparmiare tutta la vita.
Per il piacere dello stato,
che di tasse
ci ha prosciugato.
Di governar non son degni,
fanno sempre dei convegni,
per riprendere il paese.
Con l'aumento delle spese.
Il lavoro è precario,
Non aumenta più il salario.
E non avendo
più un sussidio,
l'uomo è arrivato al suicidio.

MONDO OSTILE

Il mondo ti è ostile,
ma tu non essere così vile.
C'è sempre una via segreta,
per raggiungere la tua meta.
Non arrampicarsi sugli specchi,
non aver paura che tu pecchi.
La pazienza è la virtù dei forti,
e i tuoi giorni non sono poi così corti.
Abbi fede nel tuo io,
vedrai alla fine interviene Dio.
La pazienza certe volte,
incomincia a tarda età.
Tra mezze verità,
e tante ostilità.
Lei è il rinascere in mezzo
alle avversità.
Se la sai bene usare,
ti insegna con saggezza,
a proseguire.
Fino alla fine dei tuoi giorni,
e all'imbrunire.

RIFLESSIONE

Ripeti cosa vedi,
non ammetti ciò che credi.
Se pur non hai più fede,
non rinnegare l'evidenza,
di questa stupida violenza.
Aggrappati alla gioia,
lascia questa via.
Prima che lei ti ingoi,
siediti su una panchina,
a pensar qual è la tua rovina.
Che la vita rende così meschina.
Fermati rubàti un momento,
scopri la ragione del tuo tormento.
Vedrai che quando avrai capito,
rimarrai senza fiato.
Un rimpianto sconsolato,
dell'amore che molto hai dato.

IL PESO DELL'INCERTO

Chi lascia il certo per l'incerto,
non prende mai nulla di petto.
Cerca sempre il meglio che ci sia,
e il bene vero lo fa scappar via.
Accecato della bella compagnia,
si accorge poi di rimaner solo per la via.
E' cosi convinto di ciò che si aspetta,
che bastonato resta,
della sua stessa scelta.
Ma la sua avventura,
a lungo non dura.
Perché si accorge poi della fregatura.
La delusione la fa da padrone,
ma Ahimè ...
alla prossima s'incammina.
Chi riflette su ciò che ha perso,
la sua vita sa controllare,
sarà contento del successo.
Di saperla anche esaminare.
Perché se ti abbandona,
mastro ingegno,
i pesi della vita saran,
come un macigno.

CASTELLI IN ARIA

Superlativa e incisiva,
chi i consigli non ascolta,
sa essere furtiva.
Ambiziosa a suprema corte,
volge lo sguardo alla sorte.
Attinge nelle acque oscure,
pervasa dalle ingiurie.
Insegue sempre castelli in aria,
quando crede là di abitare,
poi questi come magia scompaion.
Pugni stretti e muscoli contesi,
ma mai poi si arrende.
Continua a passi lunghi,
in mezzo alle lusinghe.
Disturbata e amareggiata,
resta sempre nei pericoli della vita.

MONDO MALATO

Indignata di questo mondo immane,
che non si sa dove vuole arrivare.
Certe volte ad esso credo,
di non appartenere.
Mi fa male vedere,
la distruzione della bellezza,
del nostro abitato naturale.
A poco a poco diventerà tutto artificiale.
La fauna e la vegetazione,
sono in continua estinzione.
Lo squilibrio delle persone,
chi ha troppo e chi muore di fame.
Mentre invece tutti dovremmo godere,
della ricchezza di questo parco naturale.
A cui tutti potrebbe soddisfare.
Per non parlare dei politici,
che la gente tengon stretta nelle fauci.
Portando la popolazione,
di ogni paese alla disoccupazione.
Non aiuta l'intervento delle religioni,
perché ognuno ha una diversa concezione.
E' vero che il mondo è bello,
perché è vario,
ma purtroppo tutti inseguiamo,
un nostro calvario.

I FIGLI

I figli dice una canzone,
So' piezz' e core.
E ti danno tanta emozione
i figli!
Nascono crescono,
e quando diventano adulti
neanche più ti riconoscono.
Prendono la loro strada,
non ascoltano più
i tuoi consigli,
e ti feriscono
come una spada.
Tu nutri sempre per loro,
l'amore con umile decoro,
custodendolo
come un tesoro.
Quel grande amore,
che hai in fondo al cuore,
li vorresti vedere
come un fiore,
mentre sboccia al suo fiorire.
Ma incuranti loro
continuano,
i genitori a ferire.
Non hanno più rispetto,
di chi sta al loro cospetto.
Tutto pensano di sapere,
il mondo con le mani
credono di afferrare.
Non sanno
che per andare avanti,
il passato devono capire.
Le parole dei grandi,
sono perle di saggezza,
che se solo
sapessero ascoltare,
servirebbe loro per meglio
andare avanti.
E la vita per loro
potrebbe essere,
come una carezza.

POMO DELLA DISCORDIA

Il dono più grande,
che ricevi dalla vita,
è ricompensato
dalla stessa moneta.
Aver potuto generare
un'altra vita.
Non esiste regalo migliore,
che si possa ricevere.
Peccato che con il tempo,
questo amore si affievolisca.
Il pomo della discordia,
fa sì che ciò perisca.
L'amor diventa avaro,
E il suo sapor amaro.
Perde tutto ciò
che ha di più sacro,
tutto è pervaso dalla luce,
offuscata di Lucifero.
Il silenzio delle ombre,
quel dolce canto soccombe.
L'inferno e le sue tenebre,
tutto tramuta in cenere.
Con il suo bruciare perverso,
ha cambiato il mondo,
e il suo universo.
Sudario di emozioni,
e di facili costumi.
Il controllo
han preso in mano,
dei miseri meschini.
Del ben più prezioso,
ne han fatto
un gioco vizioso.

ROMANTICISMO SFUMATO

Il sole, la luna, le stelle
sono state da sempre
l'emblema brillante di romanticismo.
Ora sono pervasi di scetticismo,
non si danno più baci
al chiaro di luna.
Per sentir il brivido che ti emoziona.
Non più sopra i tetti,
come sentinelle,
e non più il rossore della pelle,
quando guardi le stelle.
Non più raggi solari,
a riscaldare i nostri cuori.
Non più corse spensierate,
e felici tenendovi per mano,
in mezzo ai campi di grano.
Ma solo lettere davanti ad un PC,
che ti dice sei ancora qui?
Siamo diventati figli della tecnica,
e per innamorarsi ci serve
una laurea in informatica.
E quando una storia finisce,
con un SMS scrivere non ti amo più,
mi dispiace.
Tutto è più plasmatico
e concreto, si è perso il sapor del segreto,
ed è cosi sfumato, l'amor del creato.

QUANDO I GENITORI DIVENTANO ANGELI

Il letto disfatto,
tutto è rimasto intatto.
Come in un quadro
il suo ritratto.
Resta il peso che ti divora,
quello di aver perso
la memoria,
te ne sei andato,
senza aver mai
nulla supplicato.
Lasciando dentro solo
un grande vuoto.
Non più in vita ti ho trovato,
avrei voluto dirti
ancora tanto.
Adesso non rimane
che un forte rimpianto.
Adesso sei dietro
a quella lapide,
che sofferenza più non vede.
Caro papà!
Ora posso solo dirti
che averti perso,
non sai quanto male fa.
Il tuo ricordo
insieme a quello
della povera mamma mia,
solo resta
a farmi compagnia.
Voglio credere a un'altra vita
nell'aldilà,
e pensarvi pieni di serenità.
Un fiore sulle vostre tombe,
di felicità le vostre anime
riempie.
Da lassù ci guardate,
e con il vostro immenso
amore ci proteggere.
Che fate arrivare fino a noi,
melodie ancestrali.
Per non farci sentire
più così male.

IMMENSA SINFONIA

Turbata da una sinfonia,
da una vita che non mi sembra la mia.
Ti ritrovi in una frase di una canzone,
con un strumento musicale,
e un violino.
Che le fanno da guarnizione.
Danzano le parole,
dentro ad un batticuore.
Succhiando il nettare del sangue,
che come miele
addolcisce il succo di quel calice.
Si appropria del sapore di una vita,
quasi felice.
che in mezzo agli orizzonti,
vede spegnersi tanti tramonti.
E' la scena che si ripete,
su quel palco di altre vite.
Dove si recitano parole,
che fanno unire anime sole.
Che iniziano a cantare,
e si fondono poi in quell' immenso,
chiamato amore.

LA VOCE DEL PIANTO

Mulini al vento
che accolgono la voce del pianto,
porte spalancate accolgono
le più svariate.
Sussurri imprigionati,
tra l'alveare degli spazi
e nei meandri degli auspici.
Deboli e malinconiche
suoni supersonici,
si perdono lentamente
in un battito crescente.
Di un universo colorato,
dove si disperde quell'urlo
così straziato.
Rimane inerte chiuso nell'oblio
quel sogno che era solo mio.

AMORE PRIMARIO

Amami infinitamente,
fammi perdere
nello sguardo tuo latente.
Scioglimi nell'eterno fuoco
della tua passione,
che arde eternamente
in un infinita espansione.
Regalami il piacere della gioia
nel tuo caldo abbraccio,
fa che io muoia.
Desiderio solitario
di quell'amore tuo primario.
Fuggire io vorrei
e correre al riparo,
da una promessa di una bella vita
ma dal suo sapor tanto amaro.
Da tanti misteri nascosti
tra cespugli delle foreste,
come fossero segreti
mai svelati,
o forse non li abbiamo mai capiti.
Oh celebre RE dell'universo
fa che tutto non sia perso,
affrettati a chiarire
e non far il più bel
mistero perire!

Finito di stampare
Nel mese di marzo 2014

Lulu Press
3101 Hillsborough St.
Raleigh, NC 27607 | U.S.A.

www.ingramcontent.com/pod-product-compliance
Ingram Content Group UK Ltd.
Pitfield, Milton Keynes, MK11 3LW, UK
UKHW020229250726
13967UKWH00001B/269